ÉLOGE

DE

PIERRE PITHOU

BARREAU DE PARIS.

ÉLOGE

DE

PIERRE PITHOU

Prononcé le 13 Décembre 1855

A la séance d'ouverture des Conférences de l'Ordre des Avocats

PAR

ÉLIE PAILLET

Avocat à la Cour impériale de Paris.

PARIS

IMPRIMERIE DE A. GUYOT ET SCRIBE

Imprimeurs de l'Ordre des Avocats à la Cour de Cassation

RUE NEUVE-DES-MATHURINS, 18.

1855

MESSIEURS ET CHERS CONFRÈRES,

J'ai à vous parler d'un homme qui fut par-dessus tout avocat, et qui ne plaida jamais qu'une seule cause, qui fut magistrat, mais par exception et contre son gré, qui exerça une notable influence dans l'État, et ne fut jamais homme d'État, qui, enfin, professa le Calvinisme, sous le coup des persécutions, mais qui fut aussi Catholique, et, en même temps, ami de la tolérance et des libertés. L'unité et le mérite de ses actions se trouvent dans son amour du bien public. Il s'est consacré à la patrie, et il a pu, dans son testament, se rendre à lui-même ce témoignage, qui contient et qui résume toute sa vie : *Patriam unice dilexi.* S'il n'a pas joué un plus grand rôle, c'est l'effet de son désintéressement : et c'est à nous de lui restituer l'importance, qu'avec plus d'ambition, il n'eût pas manqué de prendre dans l'histoire.

PIERRE PITHOU est né en Champagne, dans une bourgade voisine de la ville de Troyes, le 1er novembre de l'année 1539, et le jour de Toussaints, qui, par un singulier hasard, devait voir la fin comme le commencement de son existence.

Son père, avocat au barreau de Troyes, était un homme remarquable par ses connaissances en droit et dans les lettres, et il eût été remarqué, si la modestie, l'attachement au pays natal, la considération dont il était entouré, ne l'eussent retenu dans le berceau trop étroit de ses premiers succès. Il faillit détourner son fils de sa destinée, en l'instruisant dans les idées alors nouvelles de la Réforme ; mais, en revanche, il lui communiqua l'amour de la science, le goût de sa profession, et surtout l'inflexible droiture de son caractère. Pierre Pithou partagea cette éducation avec ses frères, et notamment avec François Pithou, qui eut plus tard le privilége de partager ses travaux et sa célébrité.

Ces hommes honnêtes avaient-ils la noblesse de race ? On l'a dit et discuté après leur mort. Ils ne s'en sont jamais vantés ni préoccupés, négligeant leurs titres, et ne recherchant que la noblesse du mérite. Le père de famille avait adopté une devise, qui rappelle, par un jeu de mots digne de ce siècle érudit, la prononciation de leur nom : Τῷ Θεῷ πείθου, obéis à Dieu. Les fils la changèrent, et mirent : Τοῖς νόμοις πείθου, obéis aux lois ; ayant trouvé sans doute, au cours de leur vie et des événements politiques, qu'il est dangereux de se fier à cette voix de Dieu, que l'homme croit entendre en lui-même, dans un cœur troublé par les passions, par la haine et par l'intérêt : *Nam sibi quisque Deos avido certamine fingit* (1).

Au dehors, le monde se renouvelait. Trois ans avant la naissance de Pithou, Calvin avait lancé son Institution Chrétienne. Dans les Lettres, on découvrait, par de patientes recherches, l'antiquité enfouie. La recomposition des vieilles œuvres avait le charme et presque le mérite de la création. Dans les sciences, la clarté succédait aux obscurités de la scolastique ; on commençait à percer le texte pour entrer dans l'esprit général des lois. Pierre Pithou devait participer à cette renaissance universelle. Peu s'en fallut qu'il ne succombât à côté des plus illustres martyrs de la Réforme, Coligny, Ramus, Jean Goujon. Il a brillé dans les Lettres, à côté de Tur-

(1) Vers de Pierre Pithou : *Épître à Christophe de Thou.*

nèbe, de Juste-Lipse, de Scaliger, de Casaubon. Il a brillé dans le Droit, à côté d'Hotman, à côté de Cujas, son maître, son ami et son émule.

Il est temps, Messieurs, de le voir à l'œuvre. Il a quinze ans à peine, et déjà il fait autorité dans l'école de Bourges : « *Il me souvient*, dit Loysel, *que la première cognoissance que* « *j'eus de luy fut en la boutique d'un libraire, où, dispu-* « *tant d'un lieu de Papinian, De inofficioso testamento, il se* « *rendit d'autant plus admirable qu'il estait si jeune que nous* « *l'appellions ordinairement le petit Pithou* (1). » C'est par ce moyen, inusité aujourd'hui, qu'il s'attira le respect des autres écoliers, et l'amitié précieuse de Loysel ; et, plus tard, sous la Ligue, c'est par une explication analogue de la loi Falcidie qu'il fera la conquête du Cardinal Caïétan, ce farouche ennemi de la royauté française, dont Pithou sera le plus fervent défenseur.

Mais l'estime des élèves n'était rien auprès de l'estime du maître. Le grand Cujas l'annonce au monde savant « *comme une lumière qui doit l'éclairer.* » Il prétend s'instruire en disputant avec lui. Pithou a beau s'excuser, et se retrancher dans sa modestie, il faut qu'il soutienne contre Cujas une thèse publique, dans laquelle il réduit en quarante axiômes toute la science du droit romain. Ce fut la forme que Cujas, en le quittant, voulut donner à leurs adieux.

Viendra le temps où cette simple condescendance se changera en une profonde admiration pour le savant. Si une dis-

---

(1) *Vie de M. Pierre Pithou, sieur de Savoye.*

cussion scientifique, s'élevant entre Cujas et Hotman, menace de dégénérer en hostilité, on en appellera au tribunal des frères Pithou, et le maître ne pensera pas déroger en acceptant le jugement de l'élève. Un contemporain dira d'eux avec esprit (1) : « *Cujas a enlevé à Pithou la gloire d'être le* « *premier, mais Pithou a enlevé à Cujas la gloire d'être le* « *seul.* » Pour tout dire, Pierre Pithou n'a jamais eu contre son frère qu'une jalousie, mais elle était bien grave : « *C'était que M. Cujas avait nommé François dans son testament* (2).

Pithou arrive à vingt et un ans au barreau du Parlement de Paris. Il ne s'empresse pas de débuter; il a d'autres idées. « *Je voudrais,* dit-il quelque part, *que l'on n'apportât point* « *au barreau des études mal digérées..... Les enfants badinent* « *dans les écoles, et les jeunes gens font rire d'eux-mêmes à la* « *barre, parce qu'ils veulent apprendre à plaider aux dépens* « *de la plaidoirie* (3). » Il y a cinq ans que Pithou se rend assidu aux audiences, qu'il recueille et qu'il annote les arrêts, quand il se décide à rompre ce *silence pythagorique* (4). Il plaide sa première cause, et il la gagne... Mais il s'arrête sur le succès, et il renonce pour l'avenir à la plaidoirie.

Qu'est-ce donc, Messieurs? Serait-il vrai que Pithou eût condamné une profession si honorablement exercée par ses meilleurs amis, et surtout par Loysel? A-t-il été effrayé, comme on l'a dit, par la nécessité de sacrifier au mauvais goût, d'atténuer la vérité, de transiger avec sa conscience? Éternels préjugés d'un monde qui se complaît dans la malignité, et qui aime mieux critiquer des abus que reconnaître des services.

---

(1) Nicolas Lefebvre, qui fut précepteur de Louis XIII.

(2) Note manuscrite de François Pithou (*Bibliothèque impériale*, collection Dupuy).

(3) Préface des *Déclamations de Quintilien le père.*

(4) Expression de Loysel. (*Vie de P. Pithou.*)

Pithou était simplement, comme certain avocat du Dialogue, *un homme de livres et de liberté.* L'abstraction du droit et le recueillement du cabinet servaient mieux ses facultés que les agitations de l'audience ; et son tempérament le portait de préférence vers la consultation. Ne croyez donc pas qu'il renonce à sa profession ; ce serait dépouiller les pauvres, auxquels appartiennent ses honoraires des dimanches et des fêtes. Il faut le voir, retiré au sein de sa bibliothèque, s'emparer d'une question incidente qui lui est soumise, comme d'une occasion pour entrer dans les profondeurs de la matière, et en rapporter une de ces décisions complètes, qu'il élève, pardessus le fait particulier, jusqu'à la hauteur d'un arrêt général et réglementaire. Il acquiert bientôt une telle autorité, que sa parole est suivie comme celle d'un oracle, non seulement par les citoyens et les magistrats, mais encore par les étrangers et par les princes.

La consultation a encore cet avantage, qu'elle ne le distrait pas de ses savantes études. Il donne au public ses premiers ouvrages. Il donne aux lettres *des Mélanges rassemblés à ses heures perdues ;* à l'histoire, *les Mémoires des Comtes de Champagne* ; à la science du droit, *le Code des Visigoths*, monument important, et inconnu jusqu'à lui. Les contemporains lui rendent hommage. Cujas félicite le monde de ses découvertes, et il se félicite lui-même de ses leçons. Juste-Lipse l'aime sans le connaître, et pour l'avoir lu : *Ignotum et invisum te amo.* Turnèbe s'emporte dans l'éloge jusqu'à l'exagération, et un peu pour le plaisir de jouer sur les mots; il l'appelle en latin un autre Apollon : *Pythius alter.*

C'est ici, Messieurs, le moment de rappeler que Pithou

était Calviniste, et qu'il n'y avait pour un Calviniste, à cette époque, ni repos dans le travail, ni sûreté dans la vertu. La guerre civile éclate, et Pithou est arraché à ses livres ; il fuit devant un édit qui punit de mort l'exercice de son culte. Il espère trouver un refuge au sein du barreau de sa ville natale, et sa ville natale le repousse. Honneur au duc de Bouillon, qui ne crut pas qu'un hérétique et un proscrit fût indigne de dicter des lois, et qui l'appela alors à rédiger la Coutume de Sedan ! Pithou récompensa dignement cette courageuse confiance, et la province de Sedan a vécu, pendant plus de deux siècles, à l'abri de son œuvre.

Il est permis de croire, quand on le connaît, que Pithou était moins sensible à la persécution qu'aux malheurs de la France. Il avait l'âme d'un grand citoyen, et la patrie était la première de ses affections, comme elle a été la dernière de ses pensées. Ayant perdu plus tard quatre fils en bas âge, il se louait, du moins, qu'ils eussent échappé au spectacle des guerres civiles. Il avait l'horreur du partisan qui foule les populations, *Miles, latro et hostis*, comme il l'appelle (1). Il déplorait la rivalité des deux maisons de Guise et de Condé, dont l'ambition s'agitait sous le prétexte de la religion. Il voyait enfin que ces querelles, en épuisant le meilleur du sang français, tournaient au profit de l'étranger (2). Aussi, la paix de Saint-Germain, qu'il prit pour une réconciliation sincère et définitive, n'eut pas de peine à lui inspirer une idée que trois ans de persécution n'avaient pu lui imposer. Je veux parler de sa conversion au Catholicisme.

« *Une foi, une loi, un roi* » (3), voilà son rêve pour la France. Et encore, selon lui, la loi se confond et se personnifie dans le roi. Le roi, comme il le définit, c'est la *Loi vivante* (4). La division religieuse était donc le seul obstacle

(1) *Épître à Christophe de Thou.*
(2) Voir la harangue de D'Aubray, dans la *Satyre Ménippée.*
(3) Paroles de L'Hôpital aux États d'Orléans.
(4) Préface des *Capitulaires*, adressée à Henri III.

à l'unité, c'est-à-dire à la force et au bonheur de sa patrie. Les abus dans la discipline, premiers prétextes de la Réforme, pouvaient être réparés autrement que par un schisme ; et, quant au dogme : « *J'ai toujours détesté et fui comme un mal,* dit-il dans son testament, *les questions diverses et les controverses subtiles qu'on élève sur la nature de Dieu.* » Des différences métaphysiques, et qui n'affectaient point le fond de la morale, ne lui paraissaient mériter ni le sang qu'on avait versé, ni la rancune irréconciliable des partis. Il est certain, qu'avec ces dispositions, s'il n'avait été nourri dans le Calvinisme, il ne l'eût pas embrassé : et il espérait, en l'abjurant, donner à ses amis un exemple de soumission, qui profiterait au bien public.

Il s'était fort avancé dans ses projets de conversion, quand éclata le coup de foudre de la Saint-Barthélemy. Il n'y échappa que par miracle, et en laissant sa chère bibliothèque entre les mains des massacreurs. On l'a comparé pour ce fait à Mithridate. Je doute fort que les vieux manuscrits de l'avocat valussent pour les complices de Besme les sacs d'or du roi de Pont, mais Pithou ne les eût pas échangés contre de pareils trésors. Il avait le goût des livres, avec deux originalités : la première, c'est qu'il les lisait ; et la seconde, c'est qu'il aimait à les communiquer. Privé de la société de ses fidèles compagnons, il est réduit à leur écrire, et il s'attendrit sur leur sort comme sur le sien : « *Vivez,* leur dit-il, *chez des maîtres reconnaissants, et* « *je mourrai reconnaissant. — Vivite apud gratos, gràtus ego* « *inteream* (1). »

Réfugié chez Loysel, il a bien vite repris le cours paisible de ses études. Il ne sort de sa bouche qu'une seule plainte : « *Je ne vois rien,* dit-il, *de plus opportun et de plus heureux* « *qu'une mort prompte, et je la recevrai pour ma part sans y* « *défendre, pourvu que Dieu me la donne, et qu'il épargne*

---

(1) Lettre à Loysel, septembre 1572 (V. Loysel, *Vie de Pithou.*)

« *ainsi un crime à mon roi et à ma patrie* (1). » Puis il date de septembre 1572 une *Conférence des lois Mosaïques et des lois Romaines*, innocente protestation du juriste et de l'homme de lettres contre la barbarie.

Pithou attendit, au milieu des dangers, qu'ils fussent éloignés, avant de réaliser sa conversion. Son caractère et son courage souvent éprouvés, par les persécutions et par la Ligue, en garantissent la sincérité. Le plus fort témoignage de son désintéressement, c'est, qu'ayant abandonné la cause des Réformés, il ne perdit rien de leur estime et de leur affection. J'en atteste, au besoin, Hotman, Scaliger, Casaubon, Théodore de Bèze, ces lumières du Calvinisme. Et qui donc oserait élever contre Pithou une accusation? Sera-ce dans le barreau ou dans la magistrature, qu'il allait illustrer? Sera-ce dans la science ou dans les lettres, qu'il allait enrichir par ses mémorables travaux? Sera-ce dans l'État, qui lui doit en partie la restauration de la Royauté et l'avénement de Henri IV? Sera-ce enfin dans l'Église Gallicane, qu'il a défendue, avant Bossuet, contre les excès ultramontains? Il n'a changé que pour être utile, et sa conversion l'a gagné tout entier à la France.

Le premier acte de sa vie publique est relatif au concile de Trente. Est-il besoin d'analyser les théories absolues de ce concile? Vous savez, par une application récente, comment il permet, pour des causes purement temporelles, de lancer l'anathême contre les chefs de l'État, et de punir des

(1) Lettre à Loysel, septembre 1572. (V. Loysel, *Vie de Pithou*.)

peines éternelles l'exécution des lois (1). Vous ne vous étonnerez plus que la liberté française ait mis autant de fermeté à le repousser, que l'ambition ultramontaine mettait d'insistance à l'imposer. Henri III, dans l'ordonnance de Blois, avait sagement mesuré la part de Dieu et celle des hommes, en acceptant le dogme, et en écartant la discipline. Un bref pontifical vient atteindre le roi, déjà chancelant sur son trône, et travaillé par la Ligue naissante. Mais Pithou accourt à sa défense par un mémoire apologétique, où les droits du roi sont rétablis sans faiblesse, et qui vante la concorde, pour donner la crainte d'une rupture. Il faut donc que le Saint-Siége recule devant une loi si bien gardée. Il avait alors l'habileté de mesurer ses ordres à son pouvoir réel et à la patience des peuples, comprenant bien qu'à frapper vainement on émousse l'autorité.

La magistrature devait envier Pithou au barreau, et déjà le procureur général La Guesle avait voulu l'avoir pour substitut. Mais Pithou, soit modestie, soit esprit d'indépendance, n'aimait pas à remplir les fonctions de magistrat. Il fut bien gêné, quand on vînt le prier d'être Procureur Général près de la Chambre qu'on envoyait en Guyenne. Il s'agissait d'effacer dans cette province, longtemps livrée aux Calvinistes, la trace des guerres civiles, et de la ramener à l'autorité royale par le spectacle imposant de la justice. On emprunta au barreau et au Parlement de Paris leurs premiers personnages. Pithou, cependant, allait refuser sans Loysel, et Loysel allait refuser sans Pithou. Mais, le moyen

---

(1) Allocution du pape Pie IX, dans le consistoire du 26 juillet 1855 : « ... Tous ceux qui n'ont pas craint de proposer, d'approuver, de sanctionner « dans les États Sardes les décrets et lois sus-mentionnés.... de même que « leurs auteurs, fauteurs, conseillers, adhérents et *exécuteurs*, ont encouru « l'excommunication majeure, et les autres censures et peines ecclésiasti- « ques, infligées par les sacrés Canons.... et surtout *par le saint concile* « *de Trente*, Sess. XXII, c. XI. »

de persister dans leurs refus, quand ils apprirent qu'on les réunissait dans le même parquet! Quel bonheur pour eux de partager leurs travaux et leur existence! Exemple touchant de cette ancienne amitié, qui ne se bornait pas à l'estime réciproque, aux faciles relations du Palais, aux familiarités de la conversation, mais qui embrassait l'âme tout entière, et qui faisait écrire à Loysel : « *Je n'ay jamais rien* « *entrepris de conséquence, soit en public ou en particulier,* « *dont vous n'ayez esté le principal autheur, conseil, juge et* « *censeur, ayant vescu avec vous en telle union, amitié et fraternité, depuis le temps de nos premières estudes de droict,* « *que rien n'a esté vostre qui n'ait esté mien, ny rien à moi que* « *vous ne puissiez justement dire vostre* (1). »

Loysel, cependant, chargé comme avocat général de la plaidoirie, faillit désobliger son ami. Il s'absenta, et il dut être remplacé par le procureur général, qui, vous le savez, n'avait plaidé qu'une fois en sa vie. Mais Pithou improvisa son talent, et il donna un nouveau sujet d'étonnement à ceux qui ne comprennent pas que certaines intelligences s'élèvent d'elles-mêmes, et selon la nécessité, à la hauteur de toutes les fonctions.

Pendant trois ans, Pithou fut l'âme de la justice en Guyenne. Il faut le voir, dirigeant la conduite de la Chambre par des instructions, formant sa jurisprudence par des réquisitoires, éclairant le roi sur les besoins de la justice et du pays, absorbant par l'étendue de son travail les fonctions du substitut, refusant enfin de tirer un profit personnel de sa commission, et allant même jusqu'à gratifier son clerc de ses deniers, pour qu'il ne rançonnât point les parties.

Revenu à Paris, après cette brillante excursion, il rentre dans les rangs des avocats du commun. On lui offre gratuitement une charge, devenue vénale, de substitut au Parle-

---

(1) Lettre de Loysel à Pithou, 8 novembre 1594, dans le *Recueil de ses Remontrances*.

ment. Que lui coûte-t-il de la prendre? Il lui en coûte l'approbation d'un mauvais principe, et le sacrifice des privilèges de son Ordre. Il renvoie donc les lettres de provision, qu'on avait portées chez lui pour forcer son consentement. Mais le procureur général de Guyenne veut rester bailli de Tonnerre, simplifiant dans son petit ressort la procédure criminelle, et codifiant les règlements du Comté. Ces modestes fonctions de magistrature furent les seules qu'il aima et qu'il conserva, parce qu'il trouvait moyen d'y perpétuer le souvenir de Nicole Pithou, son frère et son prédécesseur, et surtout d'y faire le bien sans éclat.

Si le ciel avait voulu que Pithou terminât sa carrière avant la Ligue, il n'eût pas moins, comme savant, mérité sa réputation. Notre légèreté s'effraie du nombre, de l'étendue, de la nature de ses travaux. Sans parler encore des derniers, à quel choix s'arrêter au milieu de ces ouvrages qui embrassent le droit civil, les ordonnances des rois, la littérature, la chronologie, l'histoire politique et ecclésiastique? Rassurons-nous, Pithou ne nous commande pas l'admiration; il a tout donné à sa patrie et à la postérité : *patriæ et posteritati*, dit-il dans ses dédicaces (1). C'est à peine s'il a indiqué son nom (2); il ne s'est rien réservé, que la conscience d'être utile à ses concitoyens.

Après le *Code des Visigoths*, il a découvert quarante-deux *Novelles* des empereurs romains. Il a offert les *Capitulaires* à Henri III, indigne successeur de Charlemagne et de Louis le débonnaire. Depuis les *Mémoires des Comtes de Champagne*, il a recueilli les *Historiens de la seconde race*. De Thou sentira sa main défaillir, et la plume lui échapper, quand la mort lui ravira l'inspirateur de son Histoire. Par son *Recueil*

---

(1) Voir notamment sa préface de *Salvien*.
(2) On peut s'en convaincre par le *Dictionnaire des Anonymes*.

des Anciens Canons, il a posé la limite que le pape ne peut franchir, en matière de foi, sans l'assistance des conciles. Dans le *Comes Théologus*, il a ramené toute la religion à la pratique de la morale, et toute la morale à la pratique des trois grandes vertus, la foi, l'espérance et la charité. Enfin, dans l'édition de *Salvien*, il a rendu hommage au clergé de cette Église Gallicane, qu'il voulait élever, non seulement par ses droits et ses libertés, mais encore par la gloire de ses prélats.

Celui qui lit aujourd'hui les *Distiques de Caton*, le gracieux poëme du *Pervigilium Veneris*, les fables élégantes de *Phèdre*, ne se doute pas qu'il les doit à un avocat du seizième siècle, qui cherchait dans l'étude des lettres l'oubli des maux de la guerre civile. C'est le même qui a retrouvé *les Déclamations de Quintilien le père*, qui a restauré *Perse* et *Juvénal*, et dont la pudeur, moins forte que son entraînement vers l'antiquité, n'a pas reculé devant les obscénités de *Pétrone*.

Tous ces travaux rehaussaient la gloire de l'avocat, mais ne l'effaçaient pas. Les parties briguaient à l'envi le patronage d'un homme, dont le nom seul était une puissance, et dont les avis valaient des arrêts. Que lui veut donc Ferdinand II, grand-duc de Toscane? Que vient chercher, de si loin et de si haut, ce monarque étranger? Il veut apprendre par la bouche de l'avocat français, s'il peut s'emparer légalement d'une succession ouverte dans ses États, et dont l'héritier naturel est un criminel de lèse-majesté. Pithou ne se laisse pas éblouir, il appelle à lui toute sa science contre la sévérité des lois Toscanes, et il restitue une moitié du patrimoine aux héritiers testamentaires. Il intéresse, en terminant, la générosité de son illustre client : « *Les droits du fisc*, « lui dit-il, *ne sont jamais plus douteux que sous un bon* « *prince, et sa plus grande victoire, c'est de se laisser vaincre* « *dans sa propre cause par la raison et par l'équité.* » Ne manquons pas, en louant Pithou, de louer Ferdinand, qui répondit à ces belles paroles par une belle action, et confirma la décision qui le condamnait.

Pithou n'est pas seulement un avocat, c'est le souverain arbitre. On le prend pour juge dans tous les genres de différends : dans ceux même où ses clients ont un intérêt, il est assez sûr de son impartialité pour prononcer contre eux, et de sa réputation, pour prononcer en leur faveur. Il mène de front les affaires de deux grandes maisons, ayant ensemble des procès considérables (1), et ni l'une ni l'autre ne s'en inquiète. Ce n'est pas tout encore : les magistrats s'instruisent auprès de lui. Un Procureur Général, cédant sa charge à son fils (2), lui donne l'avocat pour guide. Les grands fonctionnaires de l'État lui soumettent les affaires publiques. On va comme au hasard, quand on n'a pas son avis ; et les opérations sûres sont celles qu'il a approuvées. C'est un contemporain qui nous l'apprend, et il ajoute : « *Dans une condi-* « *tion privée, et sans marques distinctives, il a exercé une* « *perpétuelle magistrature* (3). »

Quel est donc, Messieurs, cet étrange spectacle ? Avocat qui ne plaide pas, écrivain souvent anonyme, savant sans tribune, homme d'État sans fonctions, magistrat sans formule exécutoire, il est tout, et il n'est rien. L'histoire répétera avec éclat le nom des ministres qui l'ont consulté, et elle taira le nom de l'honnête homme qui les a inspirés. Il ne considère ni sa gloire, ni ses avantages personnels, mais le bien public ; et c'est par là, il faut le dire, qu'il se recommande à l'admiration.

La Ligue va vous le montrer dans toute sa grandeur. Quand

(1) Les maisons de Montpensier et de Bouillon.

(2) Jean La Guesle, auquel succéda son fils Jacques La Guesle.

(3) Jacques de Thou : Lettre à Casaubon, après la mort de Pithou, et son Histoire, 117e livre.

elle éclata, il ne voulut pas s'éloigner d'une ville, qui était devenue le foyer de cet incendie. Etait-ce seulement la crainte d'abandonner sa famille, c'est-à-dire, sa femme, ses enfants et ses livres ? J'affirmerais plutôt qu'il resta à Paris par la simple raison qu'il s'y trouvait, et que la violence ne pouvait pas effrayer une âme maîtresse d'elle-même et de ses actions. La Providence lui avait, d'ailleurs, comme marqué sa place au milieu des ennemis de la royauté, pour en suivre les mouvements, et en détourner les coups. « *C'est*, disait-il, « *dans les grands dangers, que l'on reconnaît le bon citoyen et* « *le brave soldat, par leur fermeté à se maintenir dans les* « *postes que le chef souverain leur a assignés* (1). »

Il jugeait les factions avec un admirable discernement. Il se refusait à comprendre cette étrange alliance d'une religion absolue avec la doctrine démocratique. Il voyait bien où tendait cette puissance, qui prêchait alors la souveraineté des peuples, comme elle devait prêcher plus tard la souveraineté des rois, aujourd'hui pour mettre la main sur les rois, et demain pour se rendre maîtresse des peuples. On pouvait l'entendre protester, au nom de la religion, contre l'intrigue et la révolte, qui osaient mêler leur cause avec celle de Dieu : *Væ! quæ frons nostros divis imponere mores* (2)!

Le triomphe de la Ligue, c'était encore l'asservissement de la France à l'Espagne, et Pithou avait horreur de la domination étrangère : *Advena civili toties jam sanguine pastus*! (3). La gloire et la force de la Royauté détrônée, c'est qu'elle combattait alors contre l'étranger ; c'est par là qu'elle devait reconquérir le cœur d'un peuple, qui a toutes les passions, mais, au-dessus des autres, celle de l'indépendance.

Pithou ne céda jamais à l'influence des partis. Tant que le Parlement légitime subsista, il rendit hommage à cette dernière représentation de l'état par son assiduité aux audien-

---

(1) Rapporté par Jacques de Thou, dans sa lettre à Casaubon.
(2) Épître à Cristophe de Thou.
(3) *Idem.*

ces ; mais, plus tard, il cessa de paraître au Palais, où il n'y parut qu'en habit de ville, refusant de porter une robe que Bussy-Leclerc avait profanée. Les contemporains ont pu reconnaître la voix même de Pithou dans ces paroles qu'il prête à un personnage de la Satyre Ménippée : « *Je vous parle* « *franchement, sans crainte de billet ny de proscription, et ne* « *m'espouvante pas des rodomontades espagnoles, ni des tristes* « *grimaces des Seize, qui sont des coquins, que je ne daignai ja-* « *mais saluer... Je suis amy de ma patrie, comme bon bourgeois* « *et citoyen de Paris* (1). » Le président Brisson, qui protestait secrètement, et pardevant notaire, contre les arrêts qu'il rendait en plein Parlement, aurait dû, pour sa sûreté même, suivre ce noble exemple. Pithou qui connaissait les hommes, et l'insolence des factions avec ceux qui les craignent, ne manqua pas de l'avertir, et de lui prédire sa fin déplorable. Quant à lui, respecté par ses adversaires, il apprenait au monde que la faiblesse est un mauvais calcul, et que la fermeté est, au besoin, un refuge.

Mais déjà le moment d'agir est arrivé. Les États-généraux délibèrent sur la royauté, et jamais l'Espagne n'a été si près de saisir la couronne de France. Le Parlement, étonné et empêché par les ordres du Lieutenant-général, va peut-être assister à la violation de la Loi Salique. Pithou voit le danger ; il n'a pas de peine à soulever la fierté civique chez Molé, mais il reste à exciter l'indifférence, à raffermir la timidité des autres. C'est dans le cabinet de l'avocat que se réunissent les premiers magistrats du royaume ; il est comme l'âme de ce grand corps dont il n'est pas membre. Des conférences qu'il a présidées est sorti ce mémorable arrêt de la Loi Salique, qui condamnait la royauté espagnole de l'Infante, et réservait la royauté française de Henri IV. L'effet de cet arrêt fut im-

(1) Harangue du lieutenant civil D'Aubray.

mense, et il justifia ces paroles du testament de Pithou : « *Pour fermer la bouche à l'audace, et pour lier les mains au* « *crime, j'ai vu qu'il suffisait d'une administration ferme de la* « *justice.* » Gardons-nous, Messieurs, de diminuer la gloire du Parlement, qui jura de mourir plutôt que de révoquer son arrêt; mais honorons aussi le simple citoyen, qui, pour le préparer, n'avait reçu mandat que de sa conscience, et de son dévouement à la chose publique.

Cependant le préjugé catholique était pour le roi de Navarre un obstacle plus puissant que les murs entr'ouverts de Paris. Les prélats, rassemblés à Suresne, se demandent, avec une malignité secrète, s'ils peuvent le relever de la double excommunication prononcée par le pape. Envoyer à Rome ce chef d'armée, ce roi campé au milieu d'ennemis, c'était le perdre, et on le savait. Pithou enlèvera au parti ultramontain ces adroits scrupules. Il démontrera, par raisons théologiques, la compétence des évêques français; mais surtout avec quelle force il rappellera, qu'une bulle pontificale, non enregistrée en France, n'a pas cours sur cette terre de franchise (1)! C'est lui-même qui fournira les formules, et réglera le cérémonial de l'absolution. Plus tard encore, si le Saint-Siége, qui préfère l'inquisition espagnole au régime paternel de Henri IV, refuse absolument de confirmer l'acte des évêques, le même homme publiera un savant recueil sous ce modeste titre : *Des usages du Royaume pendant le schisme.* Vous verrez que le Saint-Siége comprendra, et qu'il finira par octroyer sa ratification, pour qu'on n'ait pas l'air de s'en passer. Enfin, comme il faut triompher successivement de mille résistances, si le sacre est empêché, la Satyre Ménippée se chargera de répondre :

C'est la vertu qui sacre et couronne les rois.

(1) *De justâ et canonicâ Henrici quarti absolutione.*

La Satyre Ménippée, Messieurs, était appelée à disperser par le ridicule les restes d'une faction déjà vaincue, et sa publication suivit seulement la réduction de Paris. Vous savez pourtant qu'elle fut composée au milieu de l'anarchie, alors que les États Généraux, attirés diversement par quatre prétendants, tenaient en suspens la royauté. Vous savez comment le danger public réunit dans une même pensée des hommes de conditions, de talents, de caractères différents. Le plan était simple : il s'agissait d'imaginer un procès-verbal des États. Le but était original : il s'agissait de flétrir les usurpateurs par leurs propres discours. Tous apportèrent à l'œuvre commune leur malice et leur verve épigrammatique; Pithou seul y apporta sa gravité. Ce n'était pas assez, Messieurs, dans ces séances fictives des États, où chacun des partis vient s'accuser lui-même en voulant se louer, de nous avoir montré la sotte joie de la Révolte, admirant sa honte, et souriant à ses atrocités. Le moment vient enfin, où il faut que le rire cesse, que la voix s'élève, que l'indignation éclate, que l'humanité et la patrie soient vengées. Cette fougueuse harangue du Tiers-État, c'est Pierre Pithou qui s'est chargé de l'écrire (1).

Son orateur d'Aubray démasque la Sainte-Union, et il ne garde pas de ménagements. C'est, comme il le dit, l'insurrection d'un peuple, *auquel on a mis la mort entre les dents, et qui refuse de prétendre qu'il se porte bien.* Avec quelle énergie et quelle variété d'images l'orateur nous dépeint les misères de ce temps! D'abord, c'est l'abus de la religion : *Elle vous sert,* dit-il aux Ligueurs, *de médicament narcotique pour stupéfier nos membres, et, pendant que nous dormons, nous ne sentons pas qu'on nous les coupe pièce à pièce, l'un après l'autre.*

(1) C'est à tort qu'Henri Martin, dans son excellente histoire, révoque en doute la collaboration de Pithou, par le motif qu'elle ne se repose sur aucun témoignage contemporain. Une note manuscrite de François Pithou (*Bib. imp.*, collection Dupuy), insérée au *Recueil des Scaligerana*, est formelle sur ce point : « *La harangue de d'Aubray au Catholicon est de mon frère.* »

Puis, c'est la famine, au milieu de laquelle il nous montre les meilleurs habitants de la ville *plus blancs et plus ternis qu'images de pierre;* c'est la pauvreté, qui contraint l'honnêteté des femmes, et qui est, suivant son expression, *de plus longue infamie que la force transitoire du soldat*; c'est l'exploitation du menu peuple par les chefs, qu'il traite de *racaille nécessiteuse, aimant le trouble, parce qu'elle vit du bien du bonhomme, et ne saurait vivre du sien*; ce sont les suspicions contre ceux *qui ne portent pas de chapelet au cou, qui n'entendent que deux messes à Pasques, qui n'ont pas la barbe à la Ligue, ou qui ont de l'argent dans leur bourse*; ce sont enfin jusqu'à *ces gardes et sentinelles, où nous perdons la moitié de notre temps, et acquérons des catarrhes et des maladies qui ruinent notre santé.* D'Aubray ne fait grâce à personne : ni au duc de Mayenne, qu'il accuse formellement de ne chercher, en prolongeant la guerre, *qu'à filer sa lieutenance;* ni à ces *remueurs de nouveautés,* comme il les appelle, *qui, s'ils sont victorieux, ont pour fin de subjuguer et de mâtiner le peuple dont ils se sont aidés;* ni à ces hypocrites, *qui se frappent la poitrine avec tant d'éclat, et qui font leur prunelle toute blanche en la tournant aux voûtes de l'église;* ni à M. le légat, que Rome emploie, selon lui, *comme un journalier à la tâche de la démolition d'une grande maison ;* ni à l'ambassadeur d'Espagne, *auquel nous avons servi trop longtemps de gladiateurs à outrance, nous entretuant pour son plaisir.* S'attaquant enfin aux États eux-mêmes, Pithou, par la bouche de d'Aubray, leur dénie hautement le droit d'élire un souverain. Celui qu'il demande en propres termes, *c'est un roi naturel et non artificiel, c'est un roi déjà fait... Nous pouvons bien,* s'écrie-t-il, *faire des sceptres et des couronnes, mais non pas des rois pour les porter.*

Voulez-vous, Messieurs, avoir sommairement une idée de cette véritable éloquence? Écoutez l'orateur interpeller Paris, *ce microcosme, cet abrégé du monde,* comme il l'appelle, *qui n'est plus Paris, mais une citadelle d'étrangers : « Ne « veux-tu jamais te guarir de ceste frénésie, qui, pour un gra- « tieux et légitime roy, t'a engendré cinquante tyrans? Te « voilà aux fers, te voilà en l'inquisition d'Espagne, plus in- « tolérable mille fois aux esprits nés libres que les plus cruelles « morts. Tu n'as peu supporter une légère augmentation de « tailles... et tu endures qu'on pille tes maisons, qu'on te ran- « çonne jusqu'au sang, qu'on emprisonne tes sénateurs, qu'on « bannisse tes bons citoyens, qu'on pende tes principaux ma- « gistrats! Tu le vois, et tu l'endures; tu ne l'endures pas seu- « lement, mais tu l'approuves, et n'oserais, et ne sçaurais faire « autrement. Tu n'as peu supporter ton roy si débonnaire, si « facile, si familier, qui s'estait rendu comme concitoyen et bour- « geois de ta ville, qu'il a enrichie, qu'il a embellie de somp- « tueux bastiments, accreue de forts et superbes remparts, ornée « de priviléges et exemptions honorables; que dis-je, peu sup- « porter? C'est bien pis : tu l'as chassé de sa maison et de son « lit : quoy chassé! tu l'as poursuivy : quoy poursuivy! tu l'as « assassiné, et canonisé l'assassinateur. »*

Mais à quoi sert d'analyser, Messieurs? Il faut lire cette admirable harangue, que l'on a trop oubliée, écrite au point unique, où la langue est encore naïve, et déjà étudiée : alliance charmante de la verve et du tour, de la grâce naturelle et de la composition savante. Du jour où Pithou y a mis la dernière main, on peut dire, sans attendre le grand siècle, que l'éloquence est née en France.

Déjà, Messieurs, les vaincus de la Ligue s'étaient annoncés comme les héros de la victoire, et les anciens ennemis de la Royauté étaient devenus les plus zélés et les mieux gratifiés de ses serviteurs :

Soyons un peu meschants : on guerdonne l'offense.
Qui n'a point faict de mal, n'a point de récompense (1).

(1) Vers de la Satyre Ménippée.

Pithou, au contraire, n'usa pas de la faveur royale, que ses services avaient méritée. Il consentit seulement, et parce qu'on avait besoin de lui, à remplir provisoirement les fonctions de Procureur-Général près du Parlement de Paris. Comme en Guyenne, il se rencontra avec l'avocat-général Loysel, son auxiliaire indispensable. Avec lui, il alla prendre, au nom du roi, les membres présents du Parlement, les amena dans la grand'chambre, et les remit, après serment, en possession de leurs siéges. Sur ses réquisitions, fût rendu l'arrêt, qui enjoignait la soumission aux provinces, et proclamait l'amnistie. Qu'il dût être heureux quand il effaça de sa main, sur les registres de la cour, les arrêts rendus contre l'autorité royale! et quand il fit disparaître de la ville les inscriptions, les actes de confréries, les livres séditieux, tous les témoignages des fureurs de la Sainte-Union! Plus heureux encore, s'il avait pu effacer jusqu'aux rancunes, et réunir les membres divisés de cette grande famille! Loin d'imiter ses collègues, qui, faisant les magistrats parmi les courtisans, revenaient faire les courtisans parmi les magistrats, il n'alla au roi qu'une seule fois, et ce fût pour amener la réduction de Troyes, sa seconde patrie. Enfin, les membres du Parlement, émigrés à Tours, étant rentrés à Paris, il se démit de sa charge de Procureur-Général, et reprit sa modeste profession d'avocat.

Pithou, Messieurs, devait couronner sa vie par le *Sommaire des Libertés Gallicanes*. La Ligue avait été pour l'Etat un terrible enseignement. Il ne suffisait pas d'avoir échappé au passé, il fallait assurer l'avenir. Il fallait renfermer chez lui le Saint-Siége, et garder contre les entreprises ultramontaines les frontières politiques de la France.

Cette œuvre importante fut accomplie en quatre-vingt-trois propositions, déduites de deux principes fondamentaux. En matière temporelle, la nation est indépendante de la papauté. En matière spirituelle, le pape ne peut innover sans l'assistance, et contre les dispositions des conciles généraux.

Certes, Messieurs, ces maximes n'étaient pas alors vides de sens, et dénuées d'application. Il n'était pas inutile de rappeler que le pape *ne peut exposer en proie le royaume de France*, ni en priver le maître légitime (1), dans un temps où le pape détrônait Henri III, et précipitait le peuple dans la révolte; où il proclamait et maintenait l'indignité de Henri IV, qui serait le plus grand de nos citoyens, s'il n'avait été le meilleur de nos rois; où, *par menaces, par promesses, par argent et par jésuites* (2), il posait sur la tête de la France le pied de l'Espagne. Il convenait d'établir *qu'un inquisiteur de la foy n'a pas captures ou arrêts en France*, alors qu'un pape, au lendemain des massacres, appelait chez nous avec enthousiasme le règne du Saint-Office (3). C'était préserver les évêques de funestes complicités que leur défendre de sortir de France sans le congé du roi (4). C'était maintenir l'intégrité territoriale, qu'interdire les bénéfices aux étrangers, et la distribution de nos biens aux créatures italiennes de la papauté (5). C'était enrichir la France, qu'empêcher des levées d'impôts, dont on comptait alors plus de quatorze variétés (6). On avait raison de rendre la France maîtresse de sa discipline intérieure, quand les Jésuites enseignaient les enfants et démolissaient la royauté, *sans prendre qualité pré-*

(1) Article 15.
(2) Paroles du duc de Mayenne.
(3) Article 36.
(4) Article 13.
(5) Article 39.
(6) Article 14.

cise, et, n'étant pas un ordre reconnu, fonctionnaient comme une machine de guerre politique (1). Il fallait bien protéger les droits civils : la filiation et l'hérédité, contre la légitimation des bâtards et l'exclusion des héritiers naturels; le testament, contre les interprétations et les prorogations arbitraires ; les transactions, contre la stipulation des censures ecclésiastiques ; la justice elle-même, contre la remise et la commutation des peines (2). C'était une nécessité de séparer profondément deux juridictions, dont l'une, spiritualisant adroitement les personnes et les biens de l'église, envahissait l'administration temporelle (3). Enfin, pour se garder, il importait de poster le Parlement en sentinelle, de soumettre à son jugement les appels comme d'abus, et à son contrôle ces bulles pontificales qui menaçaient les peuples et les rois (4).

En matière spirituelle, le pape pouvait-il se plaindre de la supériorité des conciles sur le jugement d'un seul homme? Etait-il humilié pour donner l'exemple de l'obéissance aux anciens canons (5)? Quelle leçon lui avait donné ce roi de France, qui prescrivait lui-même et à l'avance l'inexécution des ordonnances qu'il viendrait à rendre contre les lois fondamentales? On demandait au pape de respecter dans ses dispenses *ce qui est de droit divin et naturel* (6). Était-ce une étrange prétention, alors que le canon du château Saint-Ange saluait, comme une glorieuse victoire, le massacre des Réformés; quand un pontife s'oubliait en plein consistoire, jusqu'à exalter Jacques Clément, et comparer son forfait au mystère de la Résurrection; quand les doctrines des Jésuites, *ces yeux de l'esprit de Rome*, dispensaient les peuples de la fidélité aux serments, absolvaient d'avance l'assassinat poli-

(1) Articles 10-71.
(2) Articles 21, 22, 23, 24, 25, 26, 35.
(3) Articles 31, 32, 33, 35, 45.
(4) Articles 79, 44.
(5) Articles 40, 41.
(6) Article 42.

tique, et conduisaient, sans le vouloir peut-être, le poignard de Jean Châtel? On refusait de sanctifier les crimes par la piété des intentions, et l'on mettait la morale éternelle au-dessus de saint Pierre (1).

Ces maximes, Messieurs, dictées par l'honnêteté et le bon sens, et qui ne sont plus contestées que par un petit nombre d'esprits jaloux de paraître, ne sont pourtant devenues vulgaires que par les efforts de la science, et malgré d'énergiques dénégations. Aujourd'hui, on trouve plus habile de traiter certaines de nos règles comme des préventions puériles, et comme une injure gratuite à la sagesse du Saint-Siége. D'autres décideront si cette sagesse, venue au Saint-Siége après la sécularisation des idées morales et les accroissements du pouvoir civil, est une vertu purement volontaire. Mais parler, devant l'histoire, de la réserve pontificale, c'est tourner en dérision les enseignements du passé, c'est démentir audacieusement les faits et les vérités matérielles.

On croit triompher encore en transformant nos franchises en servitudes. Mais le Saint-Siége et l'Église de France sont véritablement libres, si la liberté n'est pas la domination, et si le droit de chacun comprend un devoir envers tous, c'est-à-dire envers l'État. Nos pères, Messieurs, ont pressenti, et nous devons sentir plus vivement qu'eux, la nécessité de retrancher fortement cet Etat Civil, dans lequel, sans être assujetti à des pratiques religieuses qui ne s'imposent pas, chaque citoyen est sûr de trouver la sécurité de ses droits et de ses opinions. Développées par le temps et le progrès insensible des mœurs, les Libertés Gallicanes nous ont conduits à la liberté des consciences.

---

(1) « *Gallus cantat,* disait au concile de Trente un prélat ultramontain, en entendant un délégué français soutenir la doctrine de la supériorité du concile. Un des nôtres répondit en ajoutant : « *Et utinam ad galli cantum Petrus resipisceret.* »

L'ouvrage de Pithou n'est pas un discours passionné, ni même un livre, c'est un Code. Sans doute, il a déclaré des droits préexistants; mais ce n'était pas trop d'une intelligence supérieure, et d'une vie entièrement consacrée au travail, pour réunir et condenser en un corps de doctrine les monuments épars d'une jurisprudence séculaire. Rarement un particulier obtint une pareille fortune. Le Président Hénault donne force de loi à ses maximes, et D'Aguesseau appelle son Sommaire le Palladium de la France. Les rois le citeront dans leurs édits (1), les Parlements le viseront dans leurs arrêts (2), le clergé de France et Bossuet, dans un débat solennel, en revendiqueront les principes (3), le Concordat enfin viendra s'appuyer sur les fondements qu'il a posés. Ainsi, Messieurs, Pithou finit comme il a commencé; tirant son autorité de lui-même, sans mandat exprès, et du consentement tacite de la nation, il est devenu législateur.

Il manquait encore un beau commentaire à cette œuvre de raison et de tolérance. Les Jésuites portaient alors la peine de la Ligue et de l'effroi qu'ils avaient causé. Le crime de Jean Châtel, qui avait pratiqué trop littéralement, et sans les consulter, leurs imprudentes théories, servait contre eux l'indignation générale. Il appartenait à Pithou, qui avait attaqué leurs doctrines, de défendre leurs personnes. Aussi, Messieurs, est-ce un magnifique éloge que ces simples mots écrits en marge d'une histoire : « Les « pères furent mis en liberté sur l'assurance que M. Pithou « donna au procureur-général de leur innocence. »

---

(1) Édit de novembre 1719.
(2) Arrêt réglementaire du Parlement de Dauphiné, 21 avril 1768.
(3) Déclaration de 1682.

Cet acte fut le dernier d'une existence si bien remplie. Une épidémie ayant éclaté à Paris, les amis de Pithou lui conseillèrent de voyager, et de conduire sa famille dans ses propriétés de Champagne, *Pittœïa quondam regna.* Il céda, mais il quitta Paris avec un sentiment de tristesse : « *Je re-* « *tourne à mon terrier,* disait-il, *c'est pour y mourir.* » Et comme on lui représentait qu'il était encore plein de vie et de santé : « *Je suivrai l'exemple de mon père*, ajoutait-il, *je* « *ne passerai pas ma cinquante-septième année.* » Cet homme, qui voyait si clair dans sa conscience, semblait voir aussi dans les desseins de la Providence.

Il ne manqua pas, presqu'en arrivant, de tomber malade ; et alors il annonça qu'il mourrait, comme il était né, le jour de Toussaints. Trois pensées différentes, après Dieu et sa famille, occupèrent ses derniers instants. Il rappela son testament, qu'il avait écrit dix ans auparavant, à cette même date du premier novembre ; il voulut y ajouter, mais les forces lui manquèrent. Il recommanda ses livres, ainsi qu'il leur avait promis ; il défendit que l'on mît à l'encan les fidèles compagnons de sa bonne comme de sa mauvaise fortune. Enfin, concentrant dans son âme défaillante cet amour de la patrie, qui avait été le mobile de ses actions, il expira en prononçant ces paroles : « *O pauvre roi, que tu es mal servi ! O pauvre France,* « *que tu es déchirée !* » Touchante exclamation, Messieurs, qui nous émeut par un retour naturel sur nous-mêmes, et sur nos malheureuses divisions, mais qui était plutôt, dans cet excellent cœur, le retentissement douloureux du passé, que l'expression du présent. Ni la France, ni son roi n'étaient à plaindre. La France avait Henri IV, et Henri IV avait Sully. Pierre Pithou partait deux ans trop tôt. Le ciel, pour sa récompense, aurait dû prolonger sa vie jusqu'à la paix de Vervins et jusqu'à l'édit de Nantes. Il serait mort avec sérénité, et en contemplant cette réconciliation générale, à laquelle, dans la mesure de ses forces, il avait participé.

Il faut le dire à la louange des contemporains, cette perte fut considérée comme un malheur public. Ceux qui l'avaient connu se transmettent leurs regrets de ville en ville, et de royaume en royaume (1). De Thou se sent prêt à abandonner ses travaux et ses fonctions (2) : et Loysel pleure en écrivant la vie d'un homme, dont la mort aurait dû suivre la sienne. La ville de Troyes enfin, réparant noblement son ancienne injustice, reçut son corps avec une pompe inusitée, et rendit à un simple particulier des honneurs qu'elle n'aurait pas rendus à un gouverneur de province.

Pithou laissait au monde un testament admirable, et qui s'écarte des idées vulgaires. Il ne s'agit pas de ses biens; par un dernier témoignage de confiance et de respect envers la loi, il lui a réservé la distribution de son patrimoine. Son testament, c'est une profession de foi; il n'a déclaré que ses principes, il n'a légué que sa pensée, il n'a institué que la postérité. Q'aurait-il pu y ajouter, à l'heure de sa mort, qui représente mieux son amour des hommes, sa haine du fanatisme, et l'invariable droiture de sa conduite? Ce serait un monument d'orgueil, si ce n'était l'expression pure de la vérité.

Soyons, Messieurs, autant que nous pourrons, les exécuteurs testamentaires de cet illustre ancêtre, et conservons précieusement le dépôt de ses maximes. Sans doute, il faut s'attendre et se résigner, même de nos jours, à voir insulter sa mémoire; car il a combattu des ennemis éternels. Mais

---

(1) Voir notamment le recueil des lettres de Casaubon.

(2) De Thou ne tarit pas dans l'expression de ses regrets : voir ses lettres à Nicolas Lefebvre, à Gillot, à Casaubon, ses Mémoires et son Histoire, 117e livre.

l'Ordre des avocats aura le droit de répondre au détracteur, comme il fit jadis pour l'un de ses membres : *Læsisti hominem meliorem quam unquam eris.* Esprit supérieur, âme simple et forte, homme aimé et vénéré, dont la perte me semble récente, et dont l'image se confond, malgré moi, avec une autre ! Est-ce donc une illusion née de l'affection et de l'intimité ? Dites-moi donc, vous qui connaissiez l'avocat d'hier, s'il n'avait pas avec l'avocat d'autrefois une secrète affinité ; dites-moi si ce n'était pas la même estime de sa profession, le même désintéressement, le même amour d'une liberté sage, la même fermeté de principes, s'alliant à une égale indulgence pour les hommes ; dites-moi si tout ne se rapporte pas entre eux, jusqu'à leurs tristes prophéties, jusqu'à cette bizarrerie de la destinée qui rapprocha la date de leur naissance et celle de leur mort, jusqu'au deuil public et imposant qui accompagna leurs funérailles. Oserai-je croire aujourd'hui que ce maître tant regretté faisait lui-même un rapprochement involontaire, lorsqu'il parut s'émouvoir au récit de cette fin touchante, que la sienne devait au moins égaler ? Lui aussi arrivait au terme d'une belle vie, qui n'est pas seulement un souvenir, mais qui est une gloire et un exemple. Un autre peut-être se chargera de la louer... Heureux, quant à moi, si, en traçant l'éloge de Pierre Pithou, j'ai été conduit à rappeler quelques traits de cette figure chérie qui s'efface déjà dans les ombres du tombeau ! Heureux aussi, si j'ai réussi à vous montrer, qu'au milieu des troubles, et dans la confusion des principes politiques, il existe pour l'honnête homme une voie sûre entre l'indifférence et la passion, un guide infaillible, qui est la conscience, et un but honorable, qui est le bien public !

Imprimerie de A. GUYOT et SCRIBE, rue Neuve-des-Mathurins, 18.

www.ingramcontent.com/pod-product-compliance
Ingram Content Group UK Ltd.
Pitfield, Milton Keynes, MK11 3LW, UK
UKHW020507230726
13925UKWH00005B/2108

9 782014 046564